MW01708225

L'homme est le reflet de ses pensées

Données de catalogage avant publication (Canada)
Allen James, 1864-1912
L'homme est le reflet de ses pensées
Éd. rev.
(Collection Motivation, Poche)
Traduction de: As a man thinketh.
ISBN 2-89225-332-2
1. Nouvelle pensée. I. Titre. II. Collection.
BF639.A4414 1997 289.9'8 C97-941347-8

Cet ouvrage a été publié en langue anglaise sous le titre original:
AS A MAN A THINKETH
Original English Language Edition published by Grosset & Dunlap, New York
Fleming H. Revell Company, Old Tappan, New Jersey, U.S.A.
Copyright ©, 1977 by Grosset & Dunlap
All rights reserved
©, Les éditions Un monde différent ltée, 1978
Pour l'édition en langue française
Tous droits de reproduction, de traduction et d'adaptation réservés pour tous les pays:
Les éditions Un monde différent ltée, 1997
Dépôts légaux: 4e trimestre 1997
Bibliothèque nationale du Québec
Bibliothèque nationale du Canada
Bibliothèque nationale de France
Conception graphique de la couverture:
SERGE HUDON
Version française:
JEAN-PIERRE MANSEAU
Photocomposition et mise en pages:
COMPOSITION MONIKA, QUÉBEC
(ISBN 2-89225-332-2, édition de poche)
(ISBN 2-920000-03-9, 1re publication)
(Édition originale: ISBN 0-448-01631-1, Grosset & Dunlap, New York)

IMPRIMÉ AU CANADA

James Allen

L'homme est le reflet de ses pensées

Les éditions Un monde différent ltée
3925, Grande-Allée
Saint-Hubert (Québec)
Canada J4T 2V8
(514) 656-2660

CHEZ LE MÊME ÉDITEUR:

Dans la même collection:

Accomplissez des miracles, *Napoleon Hill*
Arrêtez la terre de tourner, je veux descendre!, *Murray Banks*
Attitude d'un gagnant, *Denis Waitley*
Attitudes pour être heureux, huit attitudes positives pour transformer votre vie, *Robert H. Schuller*
Au cas où vous croiriez être normal, *Murray Banks*
Comment contrôler votre temps et votre vie, *Alan Lakein*
Comment vaincre un complexe d'infériorité, *Murray Banks*
Comment vivre avec soi-même, *Murray Banks*
Devenez la personne que vous rêvez d'être, *Robert H. Schuller*
Dites oui à votre potentiel, *Skip Ross*
Dix commandements pour une vie meilleure, *Og Mandino*
Je vous défie!, *William H. Danforth*
L'Homme est le reflet de ses pensées, *James Allen*
La Magie de s'autodiriger, *David J. Schwartz*
La pensée positive, *Norman Vincent Peale*
La route de la vie, *Carolle Anne Dessureault*
La Télépsychique, *Joseph Murphy*
Le Fonceur, *Peter B. Kyne*
Le Mémorandum de Dieu, *Og Mandino*
Les Secrets de la confiance en soi, *Robert Anthony*
Que faire en attendant le psy?, *Murray Banks*
Réussir grâce à la confiance en soi, *Beverly Nadler*
S'aimer soi-même, *Robert H. Schuller*
Stratégies de prospérité, *Jim Rohn*
Tout est possible, *Robert H. Schuller*
Un, *Richard Bach*
Votre droit absolu à la richesse, *Joseph Murphy*

En vente chez votre libraire ou à la maison d'édition
Prix sujets à changement sans préavis

Si vous désirez obtenir le catalogue de nos parutions,
il vous suffit de nous écrire à l'adresse suivante:
Les éditions Un monde différent ltée
3925, Grande-Allée
Saint-Hubert (Québec), Canada J4T 2V8
ou de composer le (450) 656-2660 ou le téléco. (450) 445-9098
Site web: http://www.umd.ca
Courriel: info@umd.ca

« L'esprit est la toute-puissance qui
pétrit et façonne,
Et l'homme est esprit, il utilise
toujours
L'outil de la pensée, et, en modelant
ses propres désirs,
Il suscite mille joies, mille malheurs,
Il médite en secret, et il advient que,
L'environnement n'est que son
miroir. »

Table des matières

Avant-propos

Ce petit livre (le résultat de la méditation et de l'expérience) n'a pas pour but de traiter à fond un sujet des plus populaires, celui du pouvoir de la pensée. Il se veut plus évocateur qu'explicatif, son but étant d'aiguiller les hommes et les femmes à découvrir et à percevoir la vérité suivante: «Eux et eux seuls se fabriquent eux-mêmes», en vertu des pensées qu'ils choisissent et encouragent. L'esprit est le maître-tisserand à la fois de la trame du caractère et de celle des circonstances, et même si ces hommes et femmes ont jusqu'ici tissé dans l'ignorance et dans la souffrance, ils peuvent maintenant tisser dans la lumière et dans la joie.

James Allen

La pensée et le caractère

La pensée et le caractère

Le sage proverbe: «Tel l'homme pense en son cœur, tel il est» n'embrasse pas seulement l'être humain dans son entier, mais son sens très large s'applique à toutes les conditions et toutes les circonstances de sa vie: un homme est, littéralement, *le reflet de ce qu'il pense*; son caractère étant la somme de toutes ses pensées.

Tout comme une plante sort de la graine, sans laquelle elle ne pourrait exister, nos actions prennent naissance dans les graines secrètes de la pensée, et ne pourraient pas se matérialiser sans ces mêmes graines. Ceci s'applique autant aux actions dites «spontanées» et «non préméditées» qu'à celles exécutées de façon délibérée.

L'action est la fleur de la pensée ; la joie et la souffrance en sont les fruits. Ainsi l'homme récolte-t-il les fruits doux et amers de ce qu'il a semé.

> *«Nous sommes ce que sont nos pensées. Ce que nous devenons, nous l'avons forgé et construit. Lorsque l'esprit de l'homme engendre des pensées mauvaises, la souffrance suit, comme la nuit suit le jour... La joie accompagne comme son ombre celui qui persiste à entretenir des pensées pures.»*

L'homme croît sans cesse, c'est la loi; il ne se crée pas artificiellement et le principe de cause à effet est tout aussi absolu et constant dans le royaume caché des idées que dans le monde matériel et visible.

Un caractère noble et à l'image de Dieu n'est pas le fruit du hasard ni de la chance; il est le résultat naturel d'un effort continu à penser avec droiture; la conséquence d'une longue association à entretenir des pensées divines. Un caractère ignoble et bestial, selon le même principe, se retrouve chez ceux qui nourrissent sans arrêt des pensées viles et basses.

L'homme se fait ou se défait lui-même; dans l'arsenal de sa pensée, il forge les armes qui le détruiront; mais il façonne également les outils avec lesquels il construira pour lui-même les châteaux célestes de la joie, de la force, et de la paix. Par un juste choix et une mise en œuvre conforme de ses pensées, l'homme s'élève jusqu'à la perfection divine; par l'abus et une mauvaise application de ses pensées, il se rabaisse au niveau de la bête, et plus bas encore. Entre ces deux extrêmes se trouvent tous les types de caractères dont l'homme est le seul maître et le seul responsable.

Parmi toutes les grandes vérités liées à l'âme récemment établies et mises en lumière, la plus réconfortante et la plus féconde en termes de promesses divines et de confiance est la suivante: l'homme est le maître de ses pensées, il pétrit lui-même son caractère, il fabrique et façonne sa vie, son environnement et sa destinée.

Être de puissance, d'intelligence et d'amour, seigneur de ses propres pensées, l'homme détient la clé de toutes les situations et possède en lui-même ce pouvoir transformateur et régénérateur lui permettant d'accomplir ce que lui dicte sa volonté.

L'homme est toujours le maître, même dans ses pires moments de faiblesse et de solitude; mais dans sa faiblesse et sa déchéance, il est le maître insensé qui ne sait plus comment diriger son «domaine». Lorsqu'il se met à réfléchir à sa condition et lorsqu'il recherche consciencieusement la loi selon laquelle tout être humain doit vivre, il devient alors le maître sage, dirigeant son énergie avec intelligence, façonnant ses pensées en vue de conclusions positives. Tel est le maître *conscient*, et l'homme ne peut le devenir qu'en découvrant en lui-même les lois de la pensée; cette découverte ne dépend que de l'application, de l'introspection et de l'expérience.

C'est par la recherche et la prospection que l'on trouve de l'or et des diamants, et l'homme ne peut découvrir les vérités liées à son être qu'en creusant profondément la mine de son âme; il pétrit son caractère, il façonne sa vie et il construit sa destinée. Il peut, à condition de ne jamais dévier de la ligne qu'il s'est tracée, contrôler et modifier ses pensées, en suivant la trace de leurs conséquences sur lui-même, sur les autres et sur sa vie; il peut faire les rapports de cause à effet par un entraînement patient et des recherches, et en utilisant chacune de ses expériences – même les moins importantes, chacun des faits de la vie quotidienne – pour acquérir cette connaissance profonde de lui-même, qui est en fait la compréhension, la sagesse et la puissance. C'est dans ce sens, et dans aucun autre, que nous retrouvons la loi absolue selon laquelle: «Celui qui cherche trouve; à celui qui frappe, on ouvre». Car c'est par la patience, l'expérience et une sollicitation pressante qu'un homme peut passer la porte du Temple de la Connaissance.

Comment la pensée influe sur les circonstances?

Comment la pensée influe sur les circonstances?

L'esprit de l'homme peut être comparé à un jardin que l'on peut cultiver intelligemment ou laisser à l'abandon; qu'il soit cultivé ou négligé, ce jardin *doit produire et produit*. Si on n'y ensemence aucune graine utile, la mauvaise herbe s'y installera et s'y développera.

Tout comme un jardinier prend soin de sa parcelle de terre, en y arrachant les mauvaises herbes et en y plantant les fleurs et les fruits qu'il désire, l'homme peut veiller au jardin de son esprit, écartant les pensées mauvaises, inutiles et impures, et amenant lentement à la perfection les fleurs et les fruits de pensées justes, utiles et pures. C'est en respectant ce principe que l'homme découvre tôt ou tard qu'il est le maître jardinier de son âme, le dirigeant de sa vie. Il découvre également en lui-même les lois de la pensée et il comprend, avec de plus en plus de justesse, comment les forces de la pensée et les éléments de l'esprit agissent dans la formation de son caractère, des circonstances et de la destinée.

La pensée et le caractère forment un tout, et étant donné que le caractère ne peut se révéler et se découvrir qu'à travers l'environnement et les circonstances, il s'avère que les conditions extérieures de la vie d'une personne sont toujours harmonieusement liées à son état d'esprit intérieur. Cela ne signifie pas que les circonstances entourant la vie d'un homme à un moment bien précis sont une indication révélant son caractère en entier, mais que ces circonstances sont si étroitement liées à l'un des principaux éléments de sa pensée que, pour le moment, elles sont indispensables à son développement.

Chaque homme en est là où il se trouve par la loi de son être; les pensées avec lesquelles il a façonné son caractère l'ont amené là, et dans l'organisation de sa vie, aucune place n'est laissée à la chance; tout est le résultat d'une loi sans faille. Il en est de même pour ceux qui ne se sentent pas en harmonie avec leur entourage et pour ceux-là qui en sont satisfaits.

L'homme étant un être qui progresse et évolue, il se trouve là où il est afin d'apprendre, de grandir; et tandis qu'il tire une leçon spirituelle à partir de n'importe quelle circonstance que la vie lui réserve, ces dernières disparaissent pour laisser place à d'autres.

L'homme est bousculé par les circonstances tant et aussi longtemps qu'il se croit la créature d'influences extérieures; mais quand il se rend compte qu'il est lui-même une puissance créatrice et qu'il peut dominer la Terre et les graines cachées au plus profond de lui-même, à partir desquelles se développent les circonstances, il devient alors le maître légitime de sa propre personne.

Tout homme qui s'est exercé à la purification et à la maîtrise de lui-même pendant un certain temps sait que les circonstances découlent de la pensée, car il aura remarqué que les circonstances qui l'entouraient s'étaient modifiées en raison directe des modifications de son état mental.

Cela est si vrai que lorsqu'un homme s'applique avec ardeur à remédier aux défauts de son caractère et qu'il enregistre des progrès rapides et remarquables, il traverse rapidement toute une série de vicissitudes.

L'âme exerce une attraction sur ce qu'elle héberge en secret, c'est-à-dire ce qu'elle aime, mais aussi ce qu'elle craint; elle atteint les sommets de ses aspirations les plus chères; elle déchoit dans les abîmes de ses désirs aucunement ravalés et les circonstances représentent le moyen par lequel l'âme reçoit son dû.

Toute pensée que l'on ensemence ou qu'on laisse pénétrer dans notre esprit, pour y prendre racine, produit tôt ou tard sa propre floraison, renfermant ses propres fruits d'opportunités et de circonstances. Les bonnes pensées portent de bons fruits, les pensées mauvaises, des fruits gâtés.

Le monde extérieur des circonstances se modèle sur le monde intérieur de la pensée, et les conditions extérieures, plaisantes ou non, sont des facteurs qui concourent au bien suprême de l'individu. Récoltant lui-même ce qu'il a semé, l'homme apprend tout autant par la souffrance que par la félicité.

En suivant ses désirs les plus intimes, ses aspirations, ses pensées, par lesquels il se laisse dominer (en s'attachant à des idées impures ou en empruntant la route d'une conduite élevée et sans reproche) l'homme arrive finalement à les récolter et à les concrétiser dans les conditions extérieures de sa vie. Les lois de la croissance et de l'adaptation prévalent toujours.

Un homme n'arrive pas à l'hospice ou à la prison par le seul fait de la tyrannie du hasard ou des circonstances, mais par le chemin de ses pensées serviles et de ses désirs indignes. De la même façon, un homme à l'esprit pur ne s'adonne pas subitement au crime sous l'effet du stress de quelque force extérieure; le criminel a longtemps nourri ses pensées au plus profond de son cœur, et l'heure du crime lui dévoila la puissance ainsi accumulée en lui-même. Ce ne sont pas les circonstances qui font l'homme, elles ne font que le révéler à lui-même.

De telles conditions n'existent pas quand on s'enfonce dans le vice et les souffrances qui l'accompagnent, en dehors de penchants vicieux, et aucune circonstance ne peut amener un homme à la vertu et au bonheur à moins de cultiver sans cesse ses aspirations vertueuses. Par conséquent, l'homme en tant que seigneur et maître de la pensée se fabrique lui-même, il modèle et crée son environnement. Dès la naissance même, l'âme est souveraine et, par chacun des pas de son pèlerinage terrestre, elle attire les combinaisons diverses de circonstances qui la dévoilent elle-même, et qui sont les reflets de sa propre pureté et de son impureté, de sa force et de sa faiblesse.

Les hommes n'attirent pas ce qu'ils *veulent*, mais ce qu'ils *sont*. Leurs caprices, leurs fantaisies et leurs ambitions sont sans cesse déjoués, mais leurs pensées et leurs désirs les plus intimes se nourrissent d'eux-mêmes, en bien ou en mal. La «divinité qui nous pétrit» est en nous-même; c'est notre moi le plus profond. L'homme s'enchaîne lui-même: la pensée et l'action sont les geôlières du destin – elles emprisonnent lorsqu'elles sont serviles, mais elles sont aussi les anges de la liberté – elles libèrent quand elles sont nobles. L'homme n'a pas ce qu'il souhaite et désire, il n'a que ce qu'il mérite. Ses souhaits et ses prières ne sont exaucés que lorsqu'ils sont en harmonie avec ses pensées et ses actions.

À la lumière de cette vérité, qu'entend-on alors par «se battre contre les circonstances»? Cela signifie qu'un homme se rebelle continuellement contre un *effet* extérieur alors qu'il en nourrit la *cause* dans son cœur. Cette cause peut prendre la forme d'un vice conscient ou d'une faiblesse inconsciente; mais quelle qu'elle soit, elle retarde obstinément les efforts de son propriétaire, et par conséquent, elle réclame à grands cris un remède.

Les hommes sont anxieux d'améliorer les circonstances qui les entourent, mais ils sont réticents à s'améliorer eux-mêmes; ils sont donc enchaînés. L'homme qui ne recule pas devant sa propre crucifixion atteint toujours le but qu'il s'est fixé au plus profond de son cœur. Cela est aussi vrai en ce qui concerne les choses de notre monde que celles de l'au-delà. Même l'homme dont le seul but est d'acquérir des richesses doit être prêt à faire de grands sacrifices personnels avant de pouvoir atteindre son but. C'est d'autant plus vrai pour celui dont le but est de mener une vie intense et bien équilibrée.

Prenons l'exemple d'un homme extrêmement pauvre. Il veut absolument améliorer son confort intérieur et tout ce qui l'entoure, mais il renâcle à l'ouvrage et considère qu'il a raison de ne pas donner satisfaction à son employeur, étant donné son maigre salaire. Un tel homme ne comprend pas les rudiments les plus simples de ces principes qui sont à la base d'une véritable prospérité; non seulement est-il totalement incapable de se sortir de sa misère, mais il attire également à lui une pauvreté plus grande encore en donnant asile et en exprimant des pensées lâches, trompeuses et nonchalantes.

Citons l'exemple d'un homme riche victime d'une maladie tenace et pénible résultant de sa gloutonnerie. Il est prêt à payer d'énormes sommes d'argent pour guérir de sa maladie, à condition toutefois de pouvoir s'adonner librement à son vice. Il veut assouvir son penchant pour les aliments riches et gras, mais il voudrait conserver en même temps sa bonne santé. Cet homme est incapable de bien se porter car il n'a pas encore appris les principes fondamentaux d'une vie saine.

Voici le cas d'un employeur qui utilise des mesures malhonnêtes afin d'éviter de payer les salaires qu'il doit et, dans l'espoir de faire de plus grands bénéfices, réduit la paye de ses ouvriers. Cet homme n'est pas fait pour la prospérité, et lorsqu'il aura fait faillite, tant au niveau financier qu'à celui de sa réputation personnelle, il accusera les circonstances sans se rendre compte qu'il sera le seul responsable de ce qui lui arrive.

J'ai présenté ces trois exemples uniquement pour illustrer cette vérité selon laquelle l'homme est l'auteur des circonstances qui accompagnent les événements de sa vie (bien que de façon inconsciente, la plupart du temps) et que, tout en visant un but louable, il n'arrive pas à l'atteindre car il nourrit en lui des pensées et des désirs qui ne peuvent absolument pas s'harmoniser avec ce but. On peut citer des cas semblables à l'infini, mais cela est inutile car le lecteur peut, s'il le décide, retracer l'action des lois de la pensée dans son esprit et dans sa propre vie. Tant que cela ne sera pas accompli, les simples faits extérieures ne pourront pas servir de base au raisonnement.

Cependant, les circonstances s'avèrent tellement complexes, les pensées sont tellement enracinées, et les occasions de bonheur varient tellement d'un individu à l'autre que la condition de l'âme d'un homme dans sa complétude (bien que ce dernier puisse la connaître) ne peut être jugée par quelqu'un d'autre à partir de l'aspect extérieur de sa seule vie. Un homme peut être honnête, et malgré tout, endurer des privations; un autre peut être malhonnête et pourtant acquérir la richesse; la conclusion que l'on tire habituellement, à savoir qu'un homme échoue *à cause de son honnêteté* et qu'un autre réussit *grâce à sa malhonnêteté* résulte d'un jugement superficiel qui suppose que l'homme malhonnête est presque totalement corrompu et que l'homme honnête est presque complètement vertueux.

À la lumière d'une connaissance plus profonde et d'une expérience plus vaste, on s'aperçoit qu'un tel jugement est erroné. L'homme malhonnête peut avoir des vertus admirables que l'autre ne possède pas, et l'homme honnête peut abriter des vices odieux qu'on ne retrouve pas chez l'être malhonnête. Celui qui est honnête récolte les bons fruits de ses pensées et de ses actions honnêtes; mais il attire également sur lui-même les souffrances engendrées par ses vices. Il en est de même pour celui qui est malhonnête: il engrange sa part de souffrance et de bonheur.

Il plaît à notre vanité humaine de penser que l'on souffre à cause de nos vertus; mais tant qu'un homme n'a pas réussi à extirper de son esprit toutes les pensées malsaines, amères et impures, tant qu'il n'a pas purifié son âme de toutes les traces de ses péchés, il ne peut être en mesure de savoir et d'affirmer que ses souffrances résultent de ses qualités et non pas de ses défauts; et au cours de ce processus, bien avant d'avoir atteint cette perfection suprême, il aura découvert par l'introspection les principes de la grande loi, entièrement juste, et qui ne peut pas, par conséquent, prendre le bien pour le mal, le mal pour le bien. Possédant une telle connaissance, il saura alors, en considérant son ignorance passée et son aveuglement, que sa vie est, et a toujours été, bien ordonnée et que toutes ses expériences passées, bonnes ou mauvaises, furent l'équitable résultat de son ego en évolution, au tout début de son développement.

De bonnes pensées et de bonnes actions ne peuvent jamais donner de mauvais résultats; des pensées et des actions mauvaises ne peuvent jamais donner de bons résultats. En d'autres mots, le blé provient du blé et l'ortie n'engendre que des orties. L'être humain admet cette loi en ce qui concerne la nature et s'y plie; mais peu de gens la comprennent en ce qui a trait au monde moral et spirituel (bien qu'elle y fonctionne d'une manière tout aussi simple et constante), et, par conséquent, il ne coopère pas avec cette loi.

La souffrance provient *toujours* de quelque mauvaise pensée dans un sens quelconque. Il s'agit d'une indication comme quoi un homme n'est pas en harmonie avec lui-même, avec la loi de son être. Le seul et suprême but de la souffrance, c'est de purifier, de brûler tout ce qui est inutile et impur. La souffrance cesse pour celui qui a atteint la pureté. Il ne sert à rien de brûler l'or une fois les scories éliminées; et un être parfaitement pur et illuminé ne pourrait pas souffrir.

Les circonstances entourant la vie de celui qui souffre ne proviennent que de son manque d'harmonie sur le plan mental. Les circonstances entourant celui qui est heureux résultent de son harmonie mentale. La félicité, et non pas les biens matériels, est la mesure d'une pensée juste; l'infortune, et non pas le manque de biens matériels, est la mesure d'une pensée mauvaise. Un homme peut être maudit et riche; il peut être heureux et pauvre. Le bonheur et la richesse ne se retrouvent que chez celui qui sait utiliser sagement et à bon escient les biens dont il dispose; et le pauvre déchoit jusqu'à l'infortune quand il considère son lot comme un fardeau injustement imposé.

L'indigence et la complaisance sont les deux extrêmes de l'infortune. Toutes deux sont aussi peu naturelles l'une que l'autre et elles sont le résultat d'une confusion de l'esprit. Un homme n'est pas conditionné adéquatement tant et aussi longtemps qu'il n'est pas heureux, en bonne santé et prospère; or, le bonheur, la santé et la prospérité résultent d'une adaptation harmonieuse de l'intérieur avec l'extérieur, de l'homme avec son milieu.

Un homme devient un homme quand il cesse de se plaindre et de blâmer les autres, lorsqu'il part en quête de cette justice cachée qui règle sa vie. Et à mesure qu'il adapte son esprit à ce principe régulateur, il cesse d'accuser les autres des maux dont il est accablé et il se construit lui-même grâce à des pensées nobles et puissantes; il cesse de se révolter contre les circonstances, mais commence à les *utiliser* tel un outil en vue de progrès plus rapides, et il s'en sert pour découvrir les pouvoirs cachés et les possibilités qui résident en lui.

C'est la loi, et non la confusion, qui représente le principe dominant dans l'univers; c'est la justice, et non l'injustice, qui est l'âme et la substance de la vie; c'est ce qui est juste, et non pas la corruption, qui représente la force qui façonne et anime le monde spirituel. Cela étant, l'homme n'a plus qu'à s'adapter au fait que l'univers est juste; et pendant cette période d'adaptation, il s'apercevra qu'à mesure qu'il modifiera sa façon de penser vis-à-vis des autres et de ce qui l'entoure, les autres et les circonstances se modifieront de la même façon vis-à-vis lui-même.

La preuve de cette vérité se trouve en chacun de nous et il est facile de la découvrir par une introspection et une autoanalyse systématiques. Qu'un homme modifie radicalement sa façon de penser, et il sera étonné de la transformation rapide que cela aura sur les conditions matérielles de sa vie. On s'imagine que l'on peut tenir nos pensées secrètes, mais cela est faux; nos pensées se cristallisent rapidement en habitudes, et l'habitude s'implante dans les circonstances.

Des pensées bestiales se cristallisent en habitudes comme l'ivresse et la sensualité, qui se solidifient ensuite en circonstances telles le dénuement et la maladie. Les pensées impures de toutes sortes se cristallisent en habitudes confuses et amollissantes, lesquelles se solidifient en circonstances adverses et gênantes.

Les pensées de peur, de doute et d'indécision se cristallisent en habitudes de faiblesse, de lâcheté, d'hésitation, pour se solidifier en circonstances qui favorisent l'échec, la pauvreté et la dépendance servile. Les pensées indolentes se cristallisent en habitudes de malpropreté et de malhonnêteté, pour se solidifier en des circonstances de grossièreté et de mendicité. Les pensées de haine et de critique se cristallisent en habitudes d'accusation et de violence, pour se solidifier en des circonstances de préjudice et de persécution. Les pensées égoïstes de toutes sortes se cristallisent en habitudes égoïstes, qui se solidifient ensuite en circonstances plus ou moins pénibles.

D'un autre côté, de merveilleuses pensées de toutes sortes se cristallisent en habitudes de grâce et de gentillesse, qui se solidifient en circonstances agréables et lumineuses.

Des pensées pures se cristallisent en habitudes de tempérance et de maîtrise de soi, qui se solidifient en circonstances entraînant repos et paix. Des pensées courageuses, indépendantes et résolues se cristallisent en habitudes humaines, entraînant succès, abondance et liberté.

Des pensées rigoureuses se cristallisent en habitudes de propreté et d'assiduité, qui se solidifient en circonstances charmantes. Des pensées aimables et indulgentes se cristallisent en habitudes de douceur, entraînant des circonstances protectrices. Des pensées aimantes et généreuses se cristallisent en habitudes de dévouement pour les autres, se solidifiant en circonstances de véritable richesse et d'éternelle prospérité.

Une certaine ligne de pensée dans laquelle on persiste, qu'elle soit bonne ou mauvaise, produit nécessairement les résultats qui s'imposent au niveau du caractère et des circonstances. Un homme ne peut pas choisir *directement* ses propres circonstances, mais il peut choisir ses pensées et, de cette façon il peut indirectement mais sûrement, modeler les circonstances de sa vie.

La nature aide chaque homme à satisfaire les pensées qu'il favorise le plus, et des occasions lui sont présentées qui feront ressortir très vite les bonnes et les mauvaises pensées.

Qu'un homme abandonne ses pensées inavouables, le monde s'adoucira à son égard et sera disposé à l'aider; qu'il se débarrasse de ses pensées faibles et malsaines, les occasions se présenteront en quantité pour l'aider à se maintenir dans ce nouveau chemin. S'il entretient des pensées positives, jamais le destin ne l'entraînera dans la honte et l'infortune. Le monde est votre kaléidoscope et les différentes combinaisons de couleurs qu'il vous présente successivement dans le temps sont les merveilleuses images adaptées de vos pensées sans cesse en mouvement.

«Vous serez ce que vous voudrez être;
Laissez l'échec trouver sa satisfaction mensongère
Dans ce pauvre mot, «l'environnement»
Mais l'esprit le méprise, et il est libre.

«Il domine le temps, il conquiert l'espace;
Il dompte cette fanfaronne illusionniste, la Chance
Et vainc ce tyran, les Circonstances
Sans couronne, et joue le rôle d'un serviteur.

La Volonté humaine, cette force cachée,
Bourgeon d'une âme immortelle,
Peut se tailler une route vers tous les buts,
Même à travers des parois de granit.

«Ne soyez pas impatient,
Mais attendez comme quelqu'un qui comprend;
Lorsque l'esprit se lève et commande,
Les dieux sont disposés à obéir.»

Comment la pensée influe sur la santé et le corps?

Comment la pensée influe sur la santé et le corps?

Le corps est le serviteur de l'esprit. Il obéit aux opérations de fonctionnement de l'esprit, que celles-ci soient choisies de façon délibérée ou exprimées de façon automatique. Au commandement de pensées illégitimes, le corps sombre rapidement dans la maladie et la déchéance. Au commandement de pensées heureuses et belles, le corps s'enveloppe de jeunesse et de beauté.

La maladie et la santé, tout comme les circonstances, ont leurs racines dans la pensée. Des pensées malsaines s'expriment à travers un corps maladif. On sait que des pensées de peur peuvent tuer un homme aussi sûrement qu'une balle, et elles tuent les êtres par milliers, peut-être de façon moins rapide et moins spectaculaire.

Les gens qui vivent dans la crainte de la maladie sont ceux qui tombent malades. L'angoisse démotive rapidement tout notre être et laisse libre cours à tous les maux ; les pensées impures, même si elles ne se matérialisent pas, détruisent très vite le système nerveux.

Des pensées fortes, pures et joyeuses façonnent le corps avec vigueur et grâce. Le corps est un instrument délicat et malléable qui réagit facilement aux pensées dont il garde l'empreinte, et les habitudes de la pensée produiront sur lui leurs propres effets, bons ou mauvais.

Les hommes continueront d'avoir un sang impur et empoisonné tant qu'ils propageront des pensées impures. D'un cœur pur naît une vie saine et un corps sain. D'un esprit souillé sort une vie souillée et un corps corrompu. La pensée est le moule de l'action, de la vie et de ses manifestations. Faites que la fontaine soit claire et tout sera pur et clair.

Le fait de modifier son régime alimentaire n'aidera pas un homme qui ne veut pas modifier sa façon de penser. L'homme dont les pensées sont pures n'a plus envie de s'alimenter à partir d'une nourriture malsaine.

Les bonnes pensées entraînent les bonnes habitudes. Le soi-disant saint qui ne lave pas son corps n'est pas un saint. Celui qui renforce et purifie ses pensées ne se préoccupe pas des microbes dangereux.

Pour que son corps tende vers la perfection, il doit prendre soin de son esprit. Pour régénérer son corps, il doit embellir son esprit. Les pensées de malice, d'envie, de déception, de découragement dérobent à son corps sa santé et sa grâce. Un visage aigri n'est pas le fruit du hasard, ce sont des pensées aigries qui le rendent ainsi. Les rides qui déparent ce visage sont celles de la sottise, de la passion et de l'orgueil.

Je connais une femme de quatre-vingt-seize ans qui a le visage innocent et radieux d'une jeune fille. Je connais un homme dans la quarantaine dont le visage n'est aucunement harmonieux. Le premier de ces visages résulte d'un caractère doux et gai tandis que le second est le résultat de la passion et du mécontentement.

Tout comme vous ne pouvez avoir une demeure agréable et salubre sans laisser entrer l'air et le soleil dans les pièces, vous ne pouvez avoir un corps résistant et une expression gaie, joyeuse et sereine sans laisser entrer dans votre esprit des pensées enjouées, sereines et de bienveillance.

Sur les visages des vieillards, on peut voir des rides de sympathie; sur d'autres visages, les rides reflètent des pensées pures et puissantes, et chez d'autres, les affres de la passion. Pouvez-vous les reconnaître?

Ceux qui ont mené une vie droite ont une vieillesse paisible, tranquille et agréable comme un soleil couchant. J'ai vu récemment un philosophe sur son lit de mort. Il n'était pas vieux sinon par le nombre de ses années. Il est mort aussi doucement et aussi paisiblement qu'il avait vécu.

Les pensées réconfortantes sont le meilleur des médecins quand il s'agit d'éliminer les maux physiques; aucun réconfort ne vaut celui de la bienveillance lorsqu'il s'agit de chasser tristesse et ennui. Vivre continuellement dans la malveillance, le cynisme, la suspicion et l'envie, c'est se confiner à une prison à laquelle on se condamne soi-même. Mais, penser du bien de tout et tous, réconforter tous ceux qui nous entourent, rechercher patiemment le bon côté de toute chose, de telles pensées désintéressées nous font accéder aux portes du paradis. Si nous entretenons, jour après jour, des pensées remplies de paix envers toutes les créatures qui nous entourent, nous nous assurerons une paix foisonnante pour nous-même.

La pensée
et le but

La pensée et le but

Tant que la pensée n'est pas liée à un but, aucune réalisation intelligente n'est possible. Dans la majorité des cas, on permet à la barque de la pensée de dériver sur l'océan de la vie. Le manque de buts à atteindre est un vice et celui qui veut éviter la catastrophe et la destruction doit interrompre cette dérive.

Ceux qui n'ont pas de but central dans la vie deviennent vite la proie des soucis, de la peur, des ennuis et de l'apitoiement sur soi-même; il s'agit là d'indices de faiblesse qui mènent tout aussi sûrement que des fautes préméditées délibérément (bien que par un chemin différent) à l'échec, au malheur et à la perte car la faiblesse ne peut pas survivre dans un univers basé sur la puissance.

Tout homme devrait se fixer un but légitime dans son cœur et prendre les moyens pour l'atteindre. Ce but doit devenir le centre de ses pensées. Il peut prendre la forme d'un idéal spirituel, d'un objet matériel, selon ses dispositions du moment; mais quel que soit ce but, il devrait concentrer les forces de sa pensée sur l'objectif qu'il s'est fixé. Ce but devrait être sa tâche suprême et il lui faudrait se consacrer à l'atteindre sans jamais laisser ses pensées errer dans des fantaisies passagères, des désirs éphémères, et de folles chimères. C'est là le chemin royal vers la maîtrise de soi et la véritable concentration mentale. Même s'il échoue à plusieurs reprises dans l'atteinte de son but (ce qui se produira forcément tant que la faiblesse ne sera pas vaincue), la *force de caractère ainsi acquise* sera la mesure de son *véritable;* cela constituera pour lui un nouveau point de départ vers une puissance et un triomphe futurs.

Ceux qui ne sont pas prêts à vivre l'appréhension qu'entraîne un but *grandiose* devraient se concentrer de manière à effectuer leur tâche de façon impeccable, peu importe la petitesse de la tâche qu'ils accomplissent. Voilà la seule façon d'apprendre à concentrer et à rassembler ses pensées, à développer sa résolution et son dynamisme; ce qui une fois fait, nous permet ensuite d'entreprendre n'importe quelle tâche.

L'âme la plus faible, reconnaissant sa propre faiblesse et partageant cette vérité selon laquelle *la force ne peut s'acquérir que par l'effort et la pratique,* commencera à déployer immédiatement ses énergies, ajoutant l'effort à l'effort, la patience à la patience, et la force à la force, sans jamais cesser de se développer pour enfin atteindre une force divine.

Tout comme un homme faible physiquement peut se renforcer grâce à un entraînement prudent et patient, celui moralement faible peut devenir fort en s'entraînant à des pensées justes.

Pour mettre un terme au manque d'ambition et à la faiblesse, pour enfin se mettre à penser avec résolution, il faut se décider à joindre les rangs de ces êtres forts et pour qui l'échec n'est qu'un chemin menant à la réussite. Ces êtres-là retournent toutes les situations à leur avantage, ils jouissent d'une grande force de penser, ils font des tentatives intrépides et ils accomplissent leurs buts de main de maître.

Lorsqu'il s'est fixé un but, l'homme devrait tracer mentalement le chemin qui y mène en ligne droite, sans jamais regarder à droite ni à gauche. Les doutes et les peurs doivent absolument être exclus: ce sont des éléments destructeurs qui viennent interrompre la ligne droite de l'effort, qui la tordent, la rendant inefficace et inutile.

Les pensées de doute et de peur n'ont jamais engendré et n'engendreront jamais quoi que ce soit de positif. Elles mènent toujours à l'échec. Les buts, l'énergie, le pouvoir d'accomplir, et toutes les pensées puissantes s'évanouissent quand le doute et la peur surviennent.

La volonté de la réalisation vient de la connaissance que nous *pouvons* réaliser. Le doute et la peur sont les grands ennemis de la connaissance et celui qui les encourage, celui qui ne les chasse pas de son esprit, se condamne à buter à chaque pas.

Celui qui a réussi à conquérir le doute et la peur a réussi à conquérir l'échec. Chacune de ses pensées s'allie à la puissance, il affronte chaque difficulté avec courage et il les déjoue avec sagesse. Ses buts sont solidement enracinés, ils fleurissent et lui apportent des fruits qui ne tomberont pas prématurément par terre.

Les pensées qu'on allie sans crainte à des buts se transforment en force créatrice. Celui qui *est conscient* de cela est prêt à devenir quelqu'un de plus élevé, de plus fort qu'une simple poignée de pensées entremêlées et de sensations changeantes; celui qui *se conforme à* ce principe devient le maître intelligent et conscient de ses facultés intellectuelles.

La pensée
et la réussite

La pensée et la réussite

Tout ce qu'un homme réussit et tout ce qu'il échoue dépend directement de ses propres pensées. Dans un univers bien ordonné, où la perte de l'équilibre équivaudrait à une destruction totale, la responsabilité individuelle se doit d'être absolue. La faiblesse et la force d'un homme, sa pureté et son impureté sont les siennes et non pas celles d'un autre; c'est lui-même qui en est responsable et personne d'autre; lui seul peut les transformer. Sa condition est également sienne de même que ses souffrances et ses joies viennent de lui. L'homme est ce qu'il pense et il continue d'être le reflet de ses pensées actuelles, quelles qu'elles soient.

Un être fort ne peut en aider un plus faible à moins que ce dernier *veuille bien* se faire aider; et même dans un tel cas, le faible doit se fortifier par lui-même; il doit, par ses propres efforts, acquérir la force qu'il admire chez les autres. Personne, en dehors de lui-même, ne peut changer sa condition.

On a longtemps pensé et dit: «S'il existe des esclaves c'est qu'il existe un oppresseur; il nous faut haïr l'oppresseur.» De nos jours, cependant, de plus en plus de gens ont tendance à renverser ce jugement et à affirmer: «Un homme est un oppresseur car plusieurs sont des esclaves; méprisons donc les esclaves.» La vérité est que l'oppresseur et l'esclave participent à cette ignorance et, bien qu'ils semblent s'affliger l'un l'autre, en réalité c'est eux-mêmes qu'ils affligent.

Une Connaissance parfaite perçoit l'action de la loi dans la faiblesse de l'opprimé et le pouvoir mal utilisé de l'oppresseur. Un Amour parfait, constatant les souffrances que ces deux conditions entraînent, ne condamne ni l'un ni l'autre; une Compassion parfaite étreint à la fois l'oppresseur et l'opprimé.

Celui qui a vaincu la faiblesse, qui a renoncé à ses pensées égoïstes, n'est pas un oppresseur ou un esclave. C'est un être libre.

Un homme ne peut parvenir à s'élever, à conquérir et à réussir qu'en élevant ses pensées. Il reste faible, abject et misérable en refusant d'élever ses pensées.

Avant qu'un homme puisse réussir dans une entreprise quelconque, même matérielle, il doit élever ses pensées au-dessus de la satisfaction servile de l'animal. Il peut, dans le but de réussir, ne pas renoncer à *toutes* ses tendances animales et égoïstes, mais il doit en sacrifier au moins une partie.

Un homme se complaisant dans l'assouvissement de ses pensées bestiales ne peut pas penser avec clarté, ni planifier avec méthode; il ne peut découvrir et développer ses ressources latentes et il ne réussira dans aucune entreprise; s'il ne peut contrôler ses pensées, il ne peut prendre ses affaires en main et assumer des responsabilités sérieuses. Il est incapable d'agir seul et de façon indépendante. Il n'est limité que par les pensées qu'il décide de nourrir.

Il ne peut y avoir de progrès ni de réussite sans sacrifice. La réussite matérielle d'un homme se concrétisera s'il sacrifie les pensées confuses héritées de sa nature animale, s'il concentre son esprit sur le développement de ses projets, et s'il renforce ses résolutions et son indépendance. Plus il élèvera ses pensées, plus sa réussite sera grande et plus ses entreprises seront heureuses et durables.

L'univers ne favorise pas les avides, les malhonnêtes, les vicieux, bien que les apparences nous laissent parfois penser le contraire; l'univers aide l'homme honnête, le magnanime, le vertueux. Tous les grands Maîtres de tous les temps l'ont déclaré de mille manières, et pour se le prouver à lui-même et bien le comprendre, un homme doit persister à devenir de plus en plus vertueux en élevant ses pensées.

Les accomplissements dans le domaine intellectuel résultent d'un esprit consacré à la recherche de la connaissance, ou du beau et du vrai dans la nature et dans la vie. De tels accomplissements sont parfois liés à la vanité et à l'ambition, mais ils ne sont pas l'aboutissement de ces caractéristiques; ils sont le fruit d'efforts longs et soutenus, et de pensées pures et altruistes.

Les accomplissements dans le domaine spirituel représentent le couronnement d'aspirations sacrées. Celui qui passe sa vie à concevoir des pensées nobles et élevées, qui arrête sa pensée sur tout ce qui est pur et désintéressé, celui-là deviendra, aussi sûrement que le soleil arrive au zénith et que la lune est pleine, noble et sage de caractère et il s'élèvera à un poste d'influence et de félicité.

Un accomplissement, quel qu'il soit, est le couronnement de l'effort, le diadème de la pensée. Par la maîtrise de soi, la résolution, la pureté, la droiture et par des pensées bien orientées, un homme s'élève; par la confusion de ses pensées, l'indolence, l'impureté, la corruption, un homme s'abaisse.

Un homme peut atteindre les plus grands succès dans ce monde et les niveaux les plus élevés du royaume spirituel, mais il peut se retrouver à nouveau dans l'infortune et la faiblesse en laissant des pensées arrogantes, égoïstes et corrompues prendre possession de son esprit.

Les victoires remportées par une pensée juste ne peuvent être conservées qu'en faisant preuve d'une grande vigilance. Beaucoup lâchent pied dès que la réussite est assurée, et retombent ainsi rapidement dans l'échec.

Tous les accomplissements, que ce soit en affaires, dans les domaines intellectuel ou spirituel, résultent d'une pensée manifestement bien dirigée; ces accomplissements sont gouvernés par la même loi et dépendent de la même méthode; la seule différence réside au niveau du but à atteindre.

Celui qui accomplit peu, sacrifie peu; celui qui veut accomplir de grandes choses, doit sacrifier beaucoup; celui qui veut atteindre de hauts sommets, doit sacrifier encore plus.

Vision et idéal

Vision et idéal

Les visionnaires sont les sauveurs du monde. Tout comme le monde visible est soutenu par l'invisible, de même les hommes, à travers toutes leurs tentatives, leurs péchés, leurs dispositions sordides sont nourris par les visions merveilleuses de leurs rêveurs solitaires. L'humanité ne peut oublier ses visionnaires; elle ne peut pas laisser leurs idéaux s'évanouir et mourir; elle vit grâce à ces idéaux; elle sait que ce sont les *réalités* qu'elle verra et connaîtra un jour.

Les compositeurs, les sculpteurs, les peintres, les poètes, les prophètes, les sages sont tous les bâtisseurs d'un au-delà, les architectes du paradis. Le monde est magnifique parce qu'ils ont vécu; sans eux, l'humanité laborieuse périrait.

Celui qui nourrit une vision merveilleuse, un idéal élevé au plus profond de son cœur, les réalisera un jour. Christophe Colomb entretenait la vision d'un autre monde et il l'a découvert. Nicolas Copernic caressait la vision d'une multitude de mondes dans un univers plus grand, et il nous les a dévoilés. Bouddha entrevoyait un monde spirituel parfaitement paisible et d'une beauté sans tache, et il y est entré.

Chérissez vos propres visions, alimentez vos idéaux; nourrissez la musique qui attise votre cœur, la beauté qui prend forme dans votre esprit, l'amour qui enveloppe vos pensées les plus pures, car c'est à partir de tout cela que grandiront toutes les conditions du ravissement et d'un environnement céleste; à partir de tout cela et à condition d'y rester fidèle, votre monde se construira finalement.

Désirer, c'est obtenir; aspirer, c'est atteindre. Les désirs les plus vils de l'homme devraient-ils être récompensés, et ses aspirations les plus pures mourir d'inanition, faute d'aliments? Telle n'est pas la Loi: un tel ordre des choses n'aura jamais cours: «Demandez et vous recevrez».

Rêvez à des choses sublimes et tandis que vous rêverez, vous deviendrez ce que vous aurez rêvé. Votre vision est la promesse de ce que vous serez un jour; votre idéal est la prophétie de ce que vous pourrez enfin dévoiler.

La plus grande des réussites fut d'abord un rêve pendant un certain temps. Le chêne sommeille encore dans un gland; l'oiseau est en attente dans l'œuf; et dans la plus haute vision de l'âme, un ange en état de veille remue doucement les ailes. Les rêves sont les germes de la réalité.

Les conditions qui m'entourent peuvent parfois me sembler difficiles et sans espoir, mais elles ne le demeureront pas longtemps si je poursuis un idéal et si je m'efforce de l'atteindre. Vous ne pouvez pas voyager à *l'intérieur* de vous sans que des changements ne s'opèrent à l'extérieur de votre être. Prenons le cas d'un jeune, opprimé par la pauvreté et le labeur; il travaille de longues heures dans un atelier malsain; il n'est pas éduqué, il n'est pas raffiné. Mais il rêve d'un monde meilleur: il songe à l'intelligence, au raffinement, à la grâce et à la beauté.

Il conçoit et construit mentalement les conditions d'une vie idéale; la vision d'une liberté plus grande et de meilleures occasions s'empare de lui; l'agitation le pousse à agir et il consacre tous ses moments de loisirs et ses faibles moyens au développement de ses capacités et de ses ressources latentes. Très vite, son esprit a tellement changé que l'atelier ne lui suffit plus. Il est devenu tellement en désaccord avec la mentalité qu'on y retrouve que l'atelier sort de sa vie comme un vêtement dont on se débarrasse et, avec les multiples occasions qui se présentent mieux adaptées à l'étendue de ses aspirations actuelles, il en termine pour toujours avec l'atelier.

Des années plus tard, nous retrouvons ce même jeune homme devenu adulte. Il maîtrise maintenant certaines forces mentales qu'il exerce avec brio et avec une puissance presque sans égale. Il tient entre ses mains les ficelles de responsabilités énormes; il parle et le cours de plusieurs vies en est transformé; les hommes et les femmes sont suspendus à ses lèvres, adaptent leur propre caractère au sien et, tout comme le soleil, il est le centre lumineux autour duquel tant de destinées tournent. Il a réalisé la vision de sa jeunesse. Il ne fait plus qu'un avec son idéal.

Et vous aussi, jeune lecteur, vous pouvez réaliser la vision de votre cœur (et non un souhait futile), qu'elle soit indigne ou merveilleuse, ou un mélange des deux, car vous graviterez toujours autour de ce que vous aimez le plus dans le secret de votre être. On déposera dans vos mains la somme exacte de vos pensées. Vous recevrez ce que vous aurez mérité, ni plus ni moins. Quel que soit votre environnement actuel, vous croulerez, vous vous maintiendrez, ou vous vous élèverez avec vos pensées, votre vision, votre idéal.

Vous serez aussi petit que le désir qui vous contrôle et aussi grand que votre aspiration dominante. Comme l'a si bien dit Stanton Kirkham Davis: «Vous serez peut-être en train de faire la comptabilité et vous franchirez cette porte qui vous a si longtemps semblé être la barrière à vos idéaux, et vous vous retrouverez face à un public – le crayon encore sur l'oreille, des taches d'encre sur les doigts – et c'est alors que le torrent de votre inspiration se déversera.

Vous serez peut-être en train de rentrer les moutons et vous errerez dans la ville, bucolique, la bouche ouverte; vous errerez grâce aux intrépides conseils de l'esprit jusque dans le studio du maître qui, après un certain temps, vous dira: «Je n'ai plus rien à vous apprendre». Vous êtes maintenant devenu le maître, celui qui rêvait de grandes choses, il n'y a pas si longtemps, en gardant ses moutons. Vous déposerez la scie et le rabot et prendrez sur vous-même la régénération du monde».

Les étourdis, les ignorants et les indolents, qui ne voient que les effets apparents des choses, et non les choses elles-mêmes, parlent de chance, de bonne fortune. En voyant un homme riche, ils s'écrient: «Comme il est chanceux!» Devant un intellectuel, ils s'exclament: «Voilà un être hautement avantagé!» Et, remarquant le caractère plein de bonté et la vaste influence d'un autre, ils déclarent: «La chance lui a souri dans chacune de ses entreprises!» Ils ne voient pas les combats, les échecs et les tentatives que ces gens ont dû vivre de plein gré afin d'acquérir de l'expérience. Ils n'ont aucune idée des sacrifices qu'ils ont dû faire, des efforts qu'il leur a fallu soutenir, des renoncements dont ils ont fait preuve afin de surmonter l'insurmontable, et de concrétiser la vision qu'ils avaient en leur cœur. Ils ne voient pas l'ombre et la douleur; ils ne voient que la lumière et la joie et c'est ce qu'ils appellent la «chance». Ils ne voient pas le voyage long et pénible, mais ils ne retiennent que le côté plaisant du but et l'appellent «bonne fortune»; ils ne comprennent pas le processus, ils n'en perçoivent que les résultats et pour eux, ça s'appelle de la «chance».

Dans toutes les affaires humaines, il y a les *efforts* et il y a les *résultats*, et la force de l'effort est la mesure du résultat. La chance n'existe pas. Les «dons», les pouvoirs, les possessions matérielles, intellectuelles et spirituelles sont les fruits de l'effort. Ce sont des pensées concrétisées, des buts atteints et des visions réalisées.

Vous construirez votre vie à l'image de la vision que vous glorifiez dans votre esprit et de l'idéal qui règne dans votre cœur. Vous deviendrez à la fois cette vision et cet idéal.

Sérénité

Sérénité

Le calme de l'esprit est l'un des plus beaux joyaux de la sagesse. C'est le résultat d'un long et patient effort de maîtrise. Sa présence est l'indice d'une expérience mûrie et d'une connaissance supérieure des lois et du fonctionnement de la pensée.

Un homme est calme dans la mesure où il sait qu'il est un être évoluant à partir de sa pensée, car cette connaissance requiert la compréhension des autres; au fur et à mesure qu'il développe une juste compréhension et qu'il voit de plus en plus clairement les liens intérieurs des choses, par le principe de cause à effet, l'homme cesse de se tracasser, de rager, de s'inquiéter, de se plaindre, pour rester calme, résolu et serein.

L'homme calme, qui a appris à se contrôler, sait comment s'adapter aux autres ; et eux, à leur tour, admirent sa force spirituelle et savent qu'ils peuvent apprendre à son contact et compter sur lui. Plus un homme est calme, plus il réussit, plus il influence et plus il a le pouvoir d'accomplir le bien. Même le petit commerçant s'aperçoit que ses affaires vont mieux au fur et à mesure qu'il apprend à se contrôler et à être plus serein, car les gens préfèrent traiter avec une personne dont le tempérament est très égal.

On aime et on respecte l'homme fort et calme. Il est comme l'arbre qui offre de l'ombre dans un pays chaud ou comme le rocher offrant un abri pendant l'orage. «Qui n'aime pas un cœur tranquille, une vie douce et équilibrée?

Peu importe qu'il pleuve ou que le soleil brille, ou quels sont les changements dont bénéficient ceux qui jouissent de ces bienfaits, car ils demeurent toujours doux, sereins et paisibles. Cet équilibre exquis du caractère, que l'on appelle sérénité, constitue l'ultime leçon de notre culture; c'est la fleur de la vie, le fruit de l'âme. Elle est précieuse comme la sagesse, plus désirable que l'or – même l'or le plus fin. La course à la richesse est sans importance en comparaison d'une vie sereine – une vie qui réside dans l'océan de la Vérité, sous les vagues, hors de la portée des tempêtes, dans le Calme éternel!

«Combien de gens de notre entourage gâchent leur vie, anéantissent ce qui est doux et beau par un caractère explosif, détruisent l'équilibre de leur caractère et se font du mauvais sang! Il s'agit que la majorité des gens cessent de gaspiller leur vie et de troubler leur propre bonheur par un manque de maîtrise de soi. Nous rencontrons, dans la vie, trop peu de gens équilibrés, qui possèdent cette exquise sérénité qui est la marque d'un caractère accompli.»

L'humanité déferle à travers ses passions incontrôlées, le tumulte de ses plaintes, l'angoisse et le doute. Seul le sage, celui qui contrôle et purifie ses pensées, peut faire en sorte que les vents et les tempêtes de son âme lui obéissent.

Âmes tourmentées, qui que vous soyez, quelles que soient vos conditions de vie, sachez ceci – dans l'océan de la vie, les îles de la joie vous sourient, le littoral ensoleillé de votre idéal attend votre venue. Tenez vos mains bien fermes sur les rênes de vos pensées. Votre âme crie tandis que le Maître repose; il ne fait que sommeiller; réveillez-le. La maîtrise de soi est une force; la pensée juste est un art; le calme est synonyme de pouvoir. Dites à votre cœur: «Sois en paix, sois calme!»

CHEZ LE MÊME ÉDITEUR:

Ces titres sont en vente sous format de livres ou de cassettes audio

52 activités pour occuper vos enfants sans la télévision, *Phil Phillips*
52 cartes d'affirmations, *Catherine Ponder*
52 étapes pour atteindre le succès, *Napoleon Hill*
52 façons d'aider votre enfant à mieux réussir à l'école, *Jan Lynette Dargatz*
52 façons d'améliorer votre vie, *Todd Temple*
52 façons de développer son estime personnelle et sa confiance en soi, *Catherine E. Rollins*
52 façons d'élever des enfants sans se surmener, *Mary Manz Simon*
52 façons de faire des économies, *Kenny Luck*
52 façons de perdre du poids, *Carl Dreizler et Mary E. Ehemann*
52 façons de réduire le stress dans votre vie, *Connie Neal*
52 façons de rendre vos vacances en famille encore plus agréables, *Kate Redd*
52 façons d'organiser votre vie personnelle et familiale, *Kate Redd*
52 façons pour une mère active de gagner du temps, *Kate Redd*
52 façons simples d'aider votre enfant à s'aimer et à avoir confiance en lui, *Jan Lynette Dargatz*
52 façons simples de dire «Je t'aime» à votre enfant, *Jan Lynette Dargatz*
52 façons simples d'encourager les autres, *Catherine E. Rollins*
52 façons simples de s'amuser avec votre enfant, *Carl Dreizler*
52 rendez-vous amoureux, *Dave et Claudia Arp*
1001 maximes de motivation, *Sang H. Kim*
Accomplissez des miracles, *Napoleon Hill*
Agenda du Succès *(formats courant et de poche), éditions Un monde différent*
Aidez les gens à devenir meilleurs, *Alan Loy McGinnis*
À la conquête du succès, *Samuel A. Cypert*
À la recherche d'un équilibre: une stratégie antistress, *Lise Langevin Hogue*
Ange de l'espoir (L'), *Og Mandino*
À propos de..., *Manuel Hurtubise*
Apprivoiser ses peurs, *Agathe Bernier*
Après la pluie, le beau temps!, *Robert H. Schuller*
Arrêtez d'avoir peur et croyez au succès!, *Jean-Guy Leboeuf*

Arrêtez la terre de tourner, je veux descendre!, *Murray Banks*
Ascension de l'empire Marriott (L'), *J.W. Marriott et Kathi Ann Brown*
Assurez-vous de gagner, *Denis Waitley*
Atteindre votre plein potentiel, *Norman Vincent Peale*
Attirez la prospérité, *Robert Griswold*
Attitude d'un gagnant, *Denis Waitley*
Attitude gagnante: la clef de votre réussite personnelle (Une), *John C. Maxwell*
Attitudes pour être heureux, *Robert H. Schuller*
Au cas où vous croiriez être normal, *Murray Banks*
Cadeau le plus merveilleux au monde (Le), *Og Mandino*
Comment attirer l'argent, *Joseph Murphy*
Comment contrôler votre temps et votre vie, *Alan Lakein*
Comment réussir l'empowerment dans votre organisation?*John P. Carlos, Alan Randolp et Ken Blanchard*
Comment se fixer des buts et les atteindre, *Jack E. Addington*
Comment vaincre un complexe d'infériorité, *Murray Banks*
Comment vivre avec soi-même, *Murray Banks*
Communiquer: Un art qui s'apprend, *Lise Langevin Hogue*
Créez l'abondance, *Deepak Chopra*
Débordez d'énergie au travail et à la maison, *Nicole Fecteau-Demers*
Découvrez le diamant brut en vous, *Barry J. Farber*
De l'échec au succès, *Frank Bettger*
De la part d'un ami, *Anthony Robbins*
Dépassement total, *Zig Ziglar*
Développez habilement vos relations humaines, *Leslie T. Giblin*
Développez votre confiance et votre puissance avec les gens, *Leslie T. Giblin*
Développez votre leadership, *John C. Maxwell*
Devenez la personne que vous rêvez d'être, *Robert H. Schuller*
Devenez une personne d'influence, *John C. Maxwell* et *Jim Dornan*
Devenir maître motivateur, *Mark Victor Hansen et Joe Batten*
Dites oui à votre potentiel, *Skip Ross*
Dix commandements pour une vie meilleure, *Og Mandino*
Elle et lui une union à protéger, *Willard F. Harley*
Enthousiasme fait la différence (L'), *Norman Vincent Peale*
Envol du fabuleux voyage (L'), *Louis A. Tartaglia*
Esprit qui anime les gagnants (L'), *Art Garner*
Être à l'écoute de son guide intérieur, *Lee Coit*
Eurêka!, *Colin Turner*

Éveillez votre pouvoir intérieur, *Rex Johnson et David Swindley*
Évoluer vers le bonheur intérieur permanent, *Nicole Pépin*
Faites la paix avec vous-même, *Ruth Fishel*
Fonceur (Le), *Peter B. Kyne*
Fortune à votre portée (La), *Russell H. Conwell*
Gestion du temps (La), *Danielle DeGarie*
Hectares de diamants (Des), *Russell H. Conwell*
Homme est le reflet de ses pensées (L'), *James Allen*
Homme le plus riche de Babylone (L'), *George S. Clason*
Il faut le croire pour le voir, *Wayne W. Dyer*
Je vous défie!, *William H. Danforth*
Journal d'un homme à succès, *Jim Paluch*
Légende des manuscrits en or (La), *Glenn Bland*
Livre des secrets (Le), *Robert J. Petro* et *Therese A. FInch*
Livre d'or de l'optimiste (Le), *parrainé par Véronique Cloutier*
Livre d'or des relations humaines (Le), *parrainé par Pierre Lalonde*
Livre d'or du bonheur (Le), *parrainé par Diane et Paolo Noël*
Livre d'or du gagnant (Le), *parrainé par Manuel Hurtubise*
Lois dynamiques de la prospérité (Les), *Catherine Ponder*
Magie de croire (La), *Claude M. Bristol*
Magie de penser succès (La), *David J. Schwartz*
Magie de s'autodiriger (La), *David J. Schwartz*
Magie de voir grand (La), *David J. Schwartz*
Maigrir par autosuggestion, *Brigitte Thériault*
Maître (Le), *Og Mandino*
Marketing de réseaux, un mode de vie (Le), *Janusz Szajna*
Même les aigles ont besoin d'une poussée, *David McNally*
Mémorandum de Dieu (Le), *Og Mandino*
Menez la parade!, *John Haggai*
Mes valeurs, mon temps, ma vie!, *Hyrum W. Smith*
Moine qui vendit sa Ferrari (Le), *Robin S. Sharma*
Monde invisible, monde d'amour, *Joanne Boivin et Carole Champagne*
Motivation par l'action (La), *Jack Stanley*
Napoleon Hill et l'attitude mentale positive, *Michael J. Ritt*
Naufrage intérieur, le vrai Titanic, *Richard Durand*
Objectif: Réussir sa vie et dans la vie!, *Richard Durand*
Osez Gagner, *Mark Victor Hansen et Jack Canfield*
Ouvrez votre esprit pour recevoir, *Catherine Ponder*
Ouvrez-vous à la prospérité, *Catherine Ponder*
Paradigmes (Les), *Joel A. Baker*
Pensée positive (La), *Norman Vincent Peale*

Pensez du bien de vous-même, *Ruth Fishel*
Pensez en gagnant!, *Walter Doyle Staples*
Performance maximum, *Zig Ziglar*
Personnalité plus, *Florence Littauer*
Plus grand miracle du monde (Le), *Og Mandino*
Plus grand mystère du monde (Le), *Og Mandino*
Plus grand secret du monde (Le), *Og Mandino*
Plus grand succès du monde (Le), *Og Mandino*
Plus grand vendeur du monde (Le), *Og Mandino*
Pourquoi se contenter de la moyenne quand on peut exceller?, *John L. Mason*
Pouvoir de la pensée positive (Le), *Eric Fellman*
Pouvoir de la persuasion (Le), *Napoleon Hill*
Pouvoir de l'optimisme (Le), *Alan Loy McGinnis*
Pouvoir de vendre (Le), *José Silva et Ed Bernd fils*
Pouvoir triomphant de l'amour (Le), *Catherine Ponder*
Prenez du temps pour vous-même, *Ruth Fishel*
Prenez rendez-vous avec vous-même, *Ruth Fishel*
Progresser à pas de géant, *Anthony Robbins*
Provoquez le leadership, *John C. Maxwell*
Psychocybernétique (La), *Maxwell Maltz*
Puissance de votre subconscient (La), *Joseph Murphy*
Puissance d'une vision (La), *Kevin McCarthy*
Quand on veut, on peut!, *Norman Vincent Peale*
Que faire en attendant le psy?, *Murray Banks*
Regard au-dessus des nuages, *Joanne Boivin et Carole Champagne*
Relations humaines, secret de la réussite (Les), *Elmer Wheeler*
Rendez-vous au sommet, *Zig Ziglar*
Retour du chiffonnier (Le), *Og Mandino*
Réussir grâce à la confiance en soi, *Beverly Nadler*
Roue de la sagesse (La), *Angelika Clubb*
Route de la vie (La), *Carolle Anne Dessureault*
S'aimer soi-même, *Robert H. Schuller*
Sans peur et sans relâche, *Joe Tye*
Se connaître et mieux vivre, *Monique Lussier*
Secret de la vie plus facile (Le), *Brigitte Thériault*
Secret d'un homme riche (Le), *Ken Roberts*
Secret d'une prospérité illimitée (Le), *Catherine Ponder*
Secrets de la confiance en soi (Les), *Robert Anthony*
Secrets de la vente professionnelle, *Jean-Guy Leboeuf*
Secrets d'une vie magique, *Pat Williams*
Secrets pour conclure la vente (Les), *Zig Ziglar*
Se guérir soi-même, *Brigitte Thériault*

Semainier du Succès (Le), *éditions Un monde différent ltée*
Sept lois spirituelles du succès (Les), *Deepak Chopra*
S.O.S. à l'amour, *Willard F. Harley, fils*
Sport versus affaires, *Don Shula et Ken Blanchard*
Succès d'après la méthode de Glenn Bland (Le), *Glenn Bland*
Télépsychique (La), *Joseph Murphy*
Tiger Woods: La griffe d'un champion, *Earl Woods et Pete McDaniel*
Tout est possible, *Robert H. Schuller*
Un, *Richard Bach*
Vente: Étape par étape (La), *Frank Bettger*
Vente selon Ziglar (La), *Zig Ziglar*
Vente: Une excellente façon de s'enrichir (La), *Joe Gandolfo*
Vie est magnifique (La), *Charlie «T.» Jones*
Visez la victoire, *Lanny Bassham*
Vivre au cœur de la tornade, *Diane Desaulniers et Esther Matte*
Vivre grand: développez votre confiance jusqu'à l'audace, *Thierry Schneider*
Votre droit absolu à la richesse, *Joseph Murphy*
Votre liberté financière grâce au marketing par réseaux, *André Blanchard*
Votre plus grand pouvoir, *J. Martin Kohe*
Vous êtes unique, ne devenez pas une copie!, *John L. Mason*

En vente chez votre libraire ou à la maison d'édition
Prix sujets à changement sans préavis

Si vous désirez obtenir le catalogue de nos parutions,
il vous suffit de nous écrire à l'adresse suivante:
Les éditions Un monde différent ltée
3925, Grande-Allée
Saint-Hubert (Québec), Canada J4T 2V8
ou de composer le (450) 656-2660 ou le téléco. (450) 445-9098
Site web: http://www.umd.ca
Courriel: info@umd.ca